Adèle Lukácsi

Des Zornes und der *Liebe* Wellen

Lyrik

FRIELING

Bibliografische Information der Deutschen Nationalbibliothek
Die Deutsche Nationalbibliothek verzeichnet diese Publikation in der Deutschen Nationalbibliografie; detaillierte bibliografische Daten sind im Internet über http://dnb.d-nb.de abrufbar.

Eine Marke der Frieling & Huffmann GmbH & Co. KG
Rheinstraße 46, 12161 Berlin
Telefon: 030 / 766 99 90
www.frieling.de

ISBN 978-3-8280-3549-2
1. Auflage 2020
Bildnachweis: András Lukácsi

Printed in Germany

Inhalt

Adèle Lukàcsi spürt der fließenden, immer auch begrenzten oder verflogenen Zeit nach, die in die Gegenwart hineinreicht. Alt// Wann ist ein Leben /ein gelebtes? Geschickt durchbricht sie die lineare Chronologie, schreibt knapp und klar, ohne sich selbst zu schonen. Schmerz, Glück, Zorn und Liebe finden ihr Echo, intertextuelle Anspielungen weiten die Sicht. Ein Buch, das Respekt und viele Leser verdient.

Cordula Scheel, Lyrikerin

Vorwort

Zu Adèle Lukácsis lyrischen Formen

«Des Zornes und der Liebe Wellen»: Der Titel von Adèle Lukácsis neuem Lyrikband, der dem 2017 erschienenen Band «Sonare, mein Lied» folgt, ist eine Abwandlung des Titels von Franz Grillparzers Liebestragödie «Des Meeres und der Liebe Wellen» aus dem Jahr 1831. Das dürfte kein Zufall sein. Ähnlich wie Grillparzer, der als Dramatiker, Novelist und Lyriker ein Erbe der klassisch-romantischen Epoche war, steht auch Adèle Lukácsi in dieser dem Humanitätsideal verpflichteten Tradition. Deutlich wird das schon am reichen intertextuellen Spiel, das die Autorin mit Texten aus der antiken Mythologie, der Bibel, von Calderón, Grillparzers Vorbild, von Lessing, Goethe, Eichendorff, Heine und selbst von Brecht und Erich Fried treibt. So fügt sie beispielsweise in ihr Gedicht mit dem bezeichnenden Titel «Ich schreibe über ...» montageartig Sätze aus Goethes «Faust I», eine Anspielung an Brechts Exilgedicht «An die Nachgeborenen» und den Anfang eines bekannten Weihnachtsliedes ein – und dies alles neben dem Titel eines berühmten Romans der amerikanischen Autorin Margaret Mitchell:

Nach Golde drängt, Am Golde hängt doch alles.
Ach, wir Armen!

> Feindschaft
> Den schwachen, fremdbestimmten
> Menschen
> Die Untergegangenen und die Geretteten
> Vom Winde verweht
> Vergänglichkeit
>
> Stille Nacht, heilige Nacht

Bezeichnend für dieses intertextuelle Spiel, für diesen Bezug zu «älteren» Texten ist der Schluss des Gedichts, der ein wenig an die viel diskutierte Zeile «Danke ich brauche keine neuen Formen» in Ulla Hahns postmodernem Programmgedicht «Ars poetica» erinnert:

Ich schreibe
Nichts Neues

Eines der wichtigsten Merkmale von Adèle Lukácsis Lyrik ist denn auch das Bestreben, sich die Tradition wieder anzueignen. Der überlieferte Formenkanon (Versbau, Reim und Rhythmus, Strophik, tradierte Gedichttypen usw.) kommt in vielen Gedichten zu neuer Geltung und dringt in die lyrische Praxis der Autorin ein. Besonders eindrücklich zeigt sich das am Gedicht «Wiederkehr», das dem romantischen Volkslied mit seinen gereimten drei- bis vierhebigen Volksliedzeilen nachgebildet ist und dessen erste der drei Strophen wie folgt lautet:

> Ich geh mit mir im stillen Wald
> vernehm' der Blätter Rauschen
> der Vögel Sang, des Baches Klang,
> dem Zauber will ich lauschen.

Dass in solchen Strophen, die typisch für die postmoderne «Wiederaneignung der Tradition» mit ihrer Tendenz zur Innerlichkeit («Ich gehe *mit mir* im stillen Wald») sind, unter anderem der Spätromantiker Joseph von Eichendorff Pate gestanden hat, dürfte ausser Frage stehen.

Und wenn schon von der Postmoderne die Rede ist, dann ist mit Blick auf einige neuere Gedichte unserer Autorin noch auf ein künstlerisches Mittel hinzuweisen, das für diese nachmoderne Epoche immer bestimmender wird. Es handelt sich um das sogenannte Code-Switching, d. h. um den Codewechsel von einer Sprache in eine andere oder von der Standardsprache in die Mundart. In den folgenden drei Strophen aus dem Gedicht «Sprachbastler am Tatwort» findet sich gleich beides: der Wechsel vom Deutschen ins Englische und von der Standardsprache («stets») in den hochalemannischen Dialekt («gäng»):

Schreib' klar und deutlich,
go to hell mit all den Reimen
in deinen Möchte-gern-Poetik-Zeilen!
Fahr' aus, at once, die Cyberantenne ganz,
und lass' dein säuselndes Nonsens-
Geflenne.
Was ein gutes Gedicht ist, sag' ich dir later,
du gefühlsramponierter Wellenreiter.

Der Cyberboss, auf Sendung ready,
weiss, was ein Poëm bringt up to date:
«Das lernt am besten ihr <gäng› zu zweit.»

Die drei Strophen mögen zeigen, dass es etwas

voreilig wäre, wollte man Adèle Lukácsis Gedichte nur der literarischen Tradition mit ihrem überlieferten Formenkanon zuschreiben. Im vorliegenden Lyrikband finden sich eine ganze Reihe von Gedichten, die den freien, der Prosa nahestehenden Vers ohne Metrum, Reim und ohne regelmässigen Rhythmus verwenden. Es handelt sich dabei vorwiegend um Gedichte, in denen uns eine disharmonische, von Krieg, Not und Leid geprägte Welt begegnet. Das folgende Gedicht mit dem völlig reduzierten Titel «Krieg», das an expressionistische Gedichte eines Georg Heym oder August Stramm und an Ernst Jandls berühmtes Gedicht «vater komm erzähl vom krieg» erinnert, mag das ein wenig illustrieren. Wir zitieren hier das Gedicht nur auszugsweise:

> Heut' ziehst du in den Krieg, mein Sohn –
> Ob du auch weisst, weshalb und wofür?
> Die Mütter, sie wehklagen
> Und weinen auf beiden Seiten –
> Und bleiben doch alle – stumm.
> Mütter fühlen überall gleich.
> Und dann?
> KRIEG
> Kanonen, Rache, Irrwege,

Elend, Grauen:
[...]
Mütter, Väter, Liebende:
Bleibt nicht länger stumm.

Bezeichnend für einen Grossteil von Adèle Lukácsis Lyrik, die politisch motiviert ist, sind die beiden Schlusszeilen des Gedichts mit ihrer Appellfunktion, d. h. mit ihrem Aufruf an die Leser, ihr passives Verhalten dem Krieg gegenüber zu ändern. Ein Schluss, der auch in einem dialektisch zugespitzten «Warngedicht» von Erich Fried in der Brecht-Tradition stehen könnte.

In Adèle Lukácsis lyrischem Schaffen findet sich aber nicht nur das lange Gedicht, wie es Walter Höllerer schon 1965 gefordert hat, sondern auch das kurze, epigrammatische. Das folgende Gedicht, bezeichnenderweise ohne Titel, in dem die Autorin die Klimax, also die stufenweise Steigerung der Aussage, verwendet, mag dafür beispielhaft stehen:

Wehmut weint
Trauer klagt
Leid schweigt

Verzweiflung nagt
Trost verstummt
Hoffnung siecht
Leben?

Noch kürzer, ja verknappter ist ein Gedicht wie das folgende, das sich in seiner pointierten, geistreichen Frage dem Aphorismus annähert:

Alt
Wann ist ein Leben
Ein gelebtes?

Auffallend überhaupt, dass Adèle Lukácsi immer wieder Sätze aneinanderreiht, zwischen denen der Leser, um den Text zu verstehen, erst Scharniere einfügen muss. Fast wie ein Brecht und ein Ernest Hemingway arbeitet sie gerne mit Abkürzungen, mit stilistischen Verknappungen und Abbreviaturen von solcher Kühnheit, dass der ausgelassene Kontext den Umfang des Niedergeschriebenen aufwiegt. Der folgende Dreizeiler, in dem zwischen den drei Zeilen jeweils ein Riss klafft, sodass der Leser den Zusammenhang herstellen muss, soll dies illustrieren:

Ich reise gerne.
Sehnsüchte, Illusionen verblassen.
Die Menschen gleichen sich.

Gerade Lyrikerinnen und Lyriker, vor allem seit den Expressionisten, schreiben häufig aus Lebensangst, und zwar aus Angst *für* das Leben. Adèle Lukácsi gehört zweifellos zu ihnen. In ihren Gedichten spürt man immer wieder etwas von dieser Angst: von der Angst vor einer friedlosen Welt, in der Not, Gewalt und Krieg herrschen; von der Angst vor einer Welt, die Menschen hungern lässt, die demütigt; von der Angst vor einem Leben vergeblicher Sehnsucht nach Transzendenz und Liebe und nicht zuletzt von der Angst um den «schwachen, fremdbestimmten Menschen» selber, wie es im Gedicht «Ich schreibe über ...» heisst. Dennoch sind es im Grunde nicht die dunklen Töne, die Adèle Lukácsis Lyrik bestimmen, wenn darin, ähnlich wie bei Theodor Storm, etwa die verlorene Liebe oder die Vergänglichkeit allen Lebens beklagt wird. Der pessimistische Ton, der sich, allem Idyllischen fremd, in vielen Gedichten findet, hellt sich vielmehr immer wieder auf, wie eines der letzten Gedichte mit seiner kunstvoll gestalteten

«Peripetie» in unserem Lyrikband besonders schön zeigt:

Verzagt
Entmutigt
Kleingläubig
Verloren
    Betrete ich den in Blüte
    Stehenden Park
        Hoffnungsvoll
Zuversichtlich
Gestärkt
        Verlasse ich ihn

Fast im Sinne von Lessings Forderung in seiner «Hamburgischen Dramaturgie», die Kunst habe das Disharmonische, die Dissonanzen des Lebens aufzulösen, zeigt die Autorin in ihren Gedichten Wege auf, die diese Auflösung möglich machen. Basis dafür dürfte ihr unverrückbarer Gedanke an einen letztlich harmonischen Einklang aller Dinge sein, wie er für die Lyrik in der Tradition Goethes und der Romantiker bestimmend ist. Es ist jener letztlich christlich und humanistisch geprägte Glaube, der den Gedichten von Adèle Lukácsi zugrunde liegt und der den vorliegenden Lyrikband «Des Zornes und der Liebe Wellen» so zu einem eindrucksvollen Dokument werden lässt.

Mario Andreotti

Prof. Dr. Mario Andreotti ist Lehrbeauftragter für Sprach- und Literaturwissenschaft an der Universität St. Gallen und Verfasser verschiedener Publikationen zur literarischen Moderne, u. a. des Standardwerks «Die Struktur der modernen Literatur. Neue Formen und Techniken des Schreibens» im Haupt Verlag, Bern.

Schreiben

Schreiben
Das ist wie ein sich beständig
Über-Wasser-Halten
ein Luft-Holen
nach Tauchgängen
in den Urgrund

Des Kosmos Werk

Des Kosmos Werk ist Logik,
sagt der Mathematiker.

Es ist mathematische Poesie,
sagt der Baumeister.

Es ist Licht und Schatten,
sagt der Maler.

Es ist Klang,
sagt der Musiker.

Es ist das Wort,
sagt der Dichter.

Des Kosmos Werk ist das Leben,
sagt der Liebende.

Ich schreibe über …

Ich schreibe über

Liebe
Geburt
Kain und Abel
Den Turmbau zu Babel

Nach Golde drängt, Am Golde hängt doch alles.
Ach, wir Armen!

Feindschaft
Den schwachen, fremdbestimmten Menschen
Die Untergegangenen und die Geretteten
Vom Winde verweht
Vergänglichkeit

Stille Nacht, heilige Nacht

Ich schreibe

Nichts Neues

Wo ruht es, das Wort?

Wo ruht es, das Wort?
Dem der Zauber innewohnt
zu lösen den Strang
der malträtierten Laute?
Eigen ist es uns allen.

Taub-Blind

Taub-Blind
Kein Hören
Kein Sehen
Nur FUEHLEN

Schläft kein Lied

Schläft kein Lied in allen Dingen,
schleicht Gewalt von Ort zu Ort.
Und die Welt, sie will nicht singen,
fehlt ihr doch das Zauberwort.

Fort der Zauber, fort das Wort,
der Atem fehlt, es fehlt das Fühlen.
Der Bau zu Babel ist kein Hort.

Wonach du sehnlichst ausgeschaut,
es wurd' dir nicht beschieden.
Weder Jubel noch Triumph
bescherten endlich Frieden.

Der Glanz

Der Glanz trügt, mein Kind.
Wo immer er schmeichelnd lockt,
er betrügt dich schamlos.
Er lockt auf allen Wegen.

Krieg

Heut' ziehst du in den Krieg, mein Sohn –
Ob du auch weisst, weshalb und wofür?
Die Mütter, sie wehklagen
und weinen auf beiden Seiten –
und bleiben doch alle – stumm.
Mütter fühlen überall gleich.
Und dann?
KRIEG
Kanonen, Rache, Irrwege,
Elend, Grauen:
KRIEG –
Ihres Lebens betrogene Söhne,
Ehemänner, Brüder, Freunde –
Stumm leidende Mütter,
Ehefrauen, Schwestern, Freundinnen.
Bleiben Trauer, Verzweiflung, Wut
vom Winde verweht?
Mütter, Väter, Liebende:
Bleibt nicht länger stumm –

Ich sah sie morden

Ich sah sie morden.
Ich schloss Augen und Ohren.
Ich fiel – tief und tiefer.
Mein Rufen –
Wer hätte es hören sollen?

Ein Blick auf die Weltbühne

Ein Blick auf die Weltbühne
Luzifer dankt ab.
Er geht in Pension.
Er ist nicht mehr der Beste.
Seine Nachfolge ist gesichert.

Im Tanz der Eitelkeiten

Im Tanz der Eitelkeiten
Nicht aus dem Rhythmus fallen.

Tropfen fallen weiter noch

Tropfen fallen weiter noch
wo es sprudelt,
wo es kocht.

Kommt, ihr Millionen

Kommt, ihr Millionen,
lasst uns kniefällig schlucken
die Abfälle von den Tischen
der Satten, Überladenen
und küssen ihre Füsse.

Morgenstern

Morgenstern, du Tageskünder.
Die Mieze leckt sich schon ihr Fell.
Und Bello schielt nach ihrem Napf.
Er tut's verstohlen, immer wieder,
möchte auch mal aus dem Napfe fressen.
Er wedelt mit dem Schwanz,
ist wild besessen.
Wohin das führt?
Der Abendstern, er wird es wissen.

Wolken

Und ob die Wolke sie verhülle,
sie ist, auch wenn sie sich nicht zeigt.
Festgefügt der Planeten Bahn,
der Sonnen Fülle weist die Ewigkeit.
Des Menschen Wahn nur leere Hülle,
der Meister nicht zu Launen neigt.
Und Hybris streckte ihre Köpfe.
Belsazar fiel durch Grössenwahn.

Und ob die Wolke sie verhülle,
sie ist, auch wenn sie sich nicht zeigt.

Der Knechte Ruf verharrt tief gebeugt.
Der Mammon fliesst, ungezählt die Zeit.
Und Krösus hört den Ruf der Stunde.
Es lockt das Gold, es geht die Maer:
Experten wissen das genau –
Rennt hinterher, rennt hinterher.

Und ob die Wolke sie verhülle.
sie ist, auch wenn sie sich nicht zeigt.

In vino veritas

In vino veritas
Im Wein liegt Wahrheit
Du hast gestohlen!,
schreit's aus Bacchus' Runde
einem Gast entgegen.
Nein!, hallt's zungenvoll in alle Ohren:
Genommen ich mir hab', was mein!
Es liegt am Wein
Es liegt am Wein

Zweitausend Jahre

Zweitausend Jahre
Gewaltloser, sein Name
Des Zornes und der Liebe Wellen

Hat der alte Hexenmeister …

Hat der alte Hexenmeister
sich heute kurz mal wegbegeben,
beginnt ein Rennen und ein Beben.
Lasst uns mal schnell die Sprache liften
mit frischen unverbrauchten Stiften.
Hinweg mit all dem alten Plunder,
o Wunder, o Wunder.
Mischt fröhlich, gerade so, wie's kommt,
auch wenn's dem Alten gar nicht frommt.

Ob gross, ob klein, ob mit, ob ohne – «ha!» –
Was soll darob so viel Trara?
Wir lesen, schreiben, reden, wie's uns gefällt,
und gross und weit wird unsre Welt.
So kauderwelschen durcheinander alle wild,
Erschöpfung plötzlich die Begeist'rung stillt.
Grösser, weiter wird die Welt.
Ist einer noch, der sie in Händen hält.

So hör' doch unser Jammern, Klagen, Heulen, Wimmern,
mögst wieder huldvoll dich um das Geschehen kümmern!
Die Not ist gross und gross auch das Geschrei –
O, komm, du Besen, Besen, kehr' uns frei.

Minnelied

Minnelied – vorgestern

Walther von der Vogelweide
geneigter Herr dem edlen Weibe.
Der Wind trägt leicht den Klang nach oben,
o, holde Dame, mein Minnelied
sei euch gewogen.
Der Gatte weilet in der Schlacht,
was euch den Tag so trübe macht.
Was ist ein Leben ohne Minne?
Ohn' sie belebt sind keine Sinne.

Minnelied – gestern

O, du; meine Holde, Einzige,
wie sehr betrübt sich mein Herz,
dich so fern zu wissen,
fern meines Trostes, meiner Zärtlichkeit.
Der Liebe Sehnen ist eine Himmelsmacht,
in Träumen beider hat sie sich entfacht.
So öffne, Liebste, mir dein's Herzens Tür,
ich will's dir lohnen für und für.

Minnelied – heute
(alemannischer Dialekt)

Hoi, du, wiee häschs?
Wa isch, bisch gschträsst?
Häsch Lämpe?
Nimm's cool, glii isch Obed.
Ich plangen au.
Hey, du, du bisch doch mis top chick.
Gäll, da waisch doch!
Also dänn, bis glii.

Sprachbastler am Tatwort

Ein Gedicht – horror – ist das nicht,
schreit einer von hinten.
Erbring' den Beweis, kontert's von vorn.

Schreib' klar und deutlich,
go to hell mit all den Reimen
in deinen Möchte-gern-Poetik-Zeilen!

Fahr' aus, at once, die Cyberantenne ganz,
und lass' dein säuselndes Nonsens-Geflenne.
Was ein «gut' Gedicht» ist, sag' ich dir later,
du gefühlsramponierter Wellenreiter.

Der Cyberboss, auf Sendung ready,
weiss, was ein Poëm bringt up to date.
«Das lernt am besten ihr <gäng> zu zweit.»

Auf meinem wave range tummeln sich
all big feelings, press the key.
Let's have fun, wir sind eingeloggt,
der Reigen sprintet flott vom Bock.

Und Rosen erblühen auf dem Teich,
das Gedicht erstrahlt beglückt,
das Poëm as well, krass full, entzückt.

Der verkalkte Reim, to hell mit ihm,
schreit's von hinten und von vorn:
Good luck, sweetheart, we start again.

Das moderne Gedicht

Wovon handelt ein Gedicht?
Wer sind die Lesenden?
Ob's die Schreibenden nicht kümmert?

Gab es je eine Zeit ohne einsame
Menschen, verlorene, ausgegrenzte,
den Sinn des Lebens Suchende?
Eine Zeit ohne Fanatismus, Kriege,
Völkermorde, rasende Zerstörungswut?
Was also gehört zu einem modernen Gedicht?

Ich schreibe vom Heute,
im gefühlten Gestern,
in all dem, das nicht vergessen werden darf.

Die Kuh käut

Die Kuh käut ahnungslos das Gift,
ernährt im Mutterleib ihr Kalb.
Der Stier tut weiter seine Pflicht.

Ihr müsst euch wieder neu erfinden.
Der Prototyp hat ausgedient.
Ein neues Wort muss her für Krieg.
Phoenix in der Asche liegt.

Darin das Ei verborgen schlummert.
Der Affe jagt der Äffin nach.
Das Paradies, es liegt noch brach.

Das Ei, das Ei –
Der Hühner und der Hähne Schrei:
Heureka, jetzt ist's vorbei!
Heulen, Jammern, Zähneknirschen, hahaha!

Der neue Mensch, seht her, seht her,
sein Name sei RO-BO-TER.

Das Glück ruft im Netz

Das Glück ruft im Netz
auf Cyborg-Wellen jagend,
Amor schwankt.

Up to date

Der hehren Worte alle längst sind schon geschrieben.
Zum «hehren» wohl erkor der Mensch sich selbst.
Nun scheint im «hehren» er erbärmlich zu verlieren.
Hehr und edel möcht' er doch so gerne sein,
geht's nicht im Realen, flüchtet er sich schnell,
wo lockt der Schein.
In die Agenda schrieb voll Freud' ich heut' die Wörtchen «up to date».
Flussaufwärts «auf dem Laufenden» ich ebenso möcht' sein.
Beim «up-to-date» jedoch erfasst mich Pein.
Wohin des Wegs?,
ruft Herr Kannitverstaan –
I don't know, hallt's ihm entgegen –
dies doch nur des «up-to-dates» wegen.
Der Drahtseilakt, er scheint gelungen.
Wohin die Sache führen mag, it doesn't matter,
willst up to date du sein, schreib' keinen Brief,
doch einen «letter».
Ist «letter»-Schreiben denn noch in?
Shocking, grandma, so die Enkelin.
«I don't know», entfährt es mir mit leichtem Beben.
Heureka, ich hab's: «Up to date», das meint wohl «leben».

Vergangenheit

«Vergangenheit ist,
wenn’s nicht mehr wehtut.»
Gedemütigte
haben keine Vergangenheit

Angst

Angst
fünf Buchstaben
ein Leben beherrschend
gnadenlos

Sie lebte ein Leben

Sie lebte ein Leben
zwischen den Stühlen.
Sie lebte es ihr Leben lang.
Sie hielt es aus.
Sie wurde 97 Jahre alt.
Sie – meine Mutter.

Der leise Abschied

Der leise Abschied
ist ein Orkan im Stillen

Wär’ ich ein Mann

Wär’ ich ein Mann,
was und wie wär’s dann?
Ich bin eine Frau,
was und wie es ist,
bleibt mir als solches
auch ungewiss.

Unterwegs

Unterwegs allein
Ohn’ Hirt die Menschenherde
Fern das Morgenrot

Der Wasser Wellen

Der Wasser Wellen
Betören des Kahnes Lauf
Sibyllen mahnen

Am See

Ein Schilfhain am Seeufer.
Ein Schilfrohrsänger preist den jungen Tag.
Matte Wolken fliessen in sanftem Zug ineinander,
fernes Donnergrollen ist vernehmbar.
Über stille Landschaft streift mild der Wind;
Laubwerk und Schilfwald wiegen sich in ihm;
Schwalben fliegen tief – wird's Regen geben?
Ein Fischer wirft die Angel aus.
Schuberts Forelle klingt in mir auf –
Fortunas Gunst gönnt' ich dem Jäger nicht.
Ein Boot treibt tänzelnd hin und her;
spielend zerrt der Wind am festgebund'nen Tau.
Kein Donnergrollen mehr.
Die Schwalben ruh'n.
Der Schilfrohrsänger schweigt.
An der Angel zappelt ein Fisch.

Puszta

Ein weites, fernes, unbekanntes Land.
Die Herde und ihr Hirte an der Wasserquelle.
Die Stadtfrau stört hier, verletzt das Schweigen.
Wenig Worte nur gewährt der stille Mann
der ungebet'nen Frau –
Worte, mehr gesungen denn gesprochen,
in einer Sprache, deren Herkunft
ein Schleier umhüllt.
Der Hund, ein zotteliges, wachsam lebendig
Wesen,
hört schlicht auf den Namen «Hund» – es genügt –
dem Tier und seinem Meister.
Der Sprache bedarf es kaum.
Hirt und Hund tauschen Blicke –
Eine ruhige, deutliche Handbewegung
weiss das Tier zu deuten.
Straff hält es die Herde zusammen.
Ins geübte Schweigen dann erglüht ein Ball
in nie geseh'ner Pracht über Landschaft,
Mensch und Tier.
Ein endlos' Schauspiel, ein erstes Mal gesichtet,
geheimnisumwittert, wiederkehrend,
an Grösse unerreicht.
Inmitten dieser Weite ein Mensch.

Sehnsucht

See meiner Kindheit –
Der Himmel über dir war ein anderer.
Dein Blau blauer,
deiner Vögel Flug beschwingter,
deiner Wolken Wandern weicher,
deiner Abendsonne Leuchten
ein Nachhauseweg.
In der Sprache deiner Menschen
erklang mir die Sinfonie der Schöpfung.
See meiner Kindheit –
Wächter meiner ersten Liebe,
Zeuge ihres Verwelkens,
Traurigkeit des Unvermögens.
Sehnsucht meiner Tage.

Der Lindenbaum

Nahe am Brunnen
unweit dem Tore
lebte meine Linde.
Ich lauschte ihrem Flüstern,
ihrem Rauschen,
ihrem Singen,
ihrer Stille.
Sie war stark.
Sie war schön.
Meine Linde ist nicht mehr.

Wehmut weint

Wehmut weint
Trauer klagt
Leid schweigt
Verzweiflung nagt
Trost verstummt
Hoffnung siecht
Leben?

Alt

Alt
Wann ist ein Leben
ein gelebtes?

Lied an den Mond

Silbern strahlst du,
weit Entfernter,
der du ein Planet am Himmel bist.
Rusalka klagt ihr Weh.
Sie klagt im Namen aller Kreaturen,
die Welt ist eine grosse Hure.
Oh Mond, du Tröster mir
in dunkler Nacht,
entfliehe nicht
und halte Wacht.

Schieben, drängen

Schieben, drängen, eilen, hetzen.
Geschoben, gedrängt, geeilt, gehetzt.
Wohin?
Im Hauptbahnhof ohne Horizont,
Blicke beengt, eingefroren.
Verpasste Züge – gewonnene Stunden.

Ich reise gerne

Ich reise gerne.
Sehnsüchte, Illusionen verblassen.
Die Menschen gleichen sich.

Enge Grenzen

Enge Grenzen
Kurze Sicht
umgesetzt in Weite

Ohnmacht
in Stärke

Verlor'nes Zutrau'n
Ängstlichkeit
in Wärme

Tiefe Sehnsucht
nach Geborgenheit
in Heimat.

Fussballfieber

Fussballfieber, global.
Seltene Alltags-Glückseligkeit
Sport – ein faires Kräftemessen
Olympias Flamme lodert
Nationalhymnen erschallen
Den Olymp erreichen sie nicht.

Verzagt

Verzagt
Entmutigt
Kleingläubig
Verloren
        Betrete ich den in Blüte stehenden Park
Hoffnungsvoll
Zuversichtlich
Gestärkt
Erwartungsvoll
        Verlasse ich ihn

Ringparabel

Der Ringparabel
ein Hohelied
im World Wide Web
der Kommunikation.

Wiederkehr

Ich geh' mit mir im stillen Wald
vernehm' der Blätter Rauschen,
der Vögel Sang, des Baches Klang,
dem Zauber will ich lauschen.

Im Gras der Käfer golden blinkt,
verliebt ein Sonnenstrahl ihm winkt.
Behutsam geh'! Leg' keine Spur!
Gönn' ihm den Zauber der Natur.

Ich geh' in kühle Mondesnacht,
der Tag hat Müh' und Freud' gebracht.
Der Stern, der hellste, leuchtet fern,
verkündet mir die Nacht des Herrn.
Ich kehr' zurück, so wohlig leicht
als hätt' ein Zauber mich erreicht.

Ein heller Stern

Ein heller Stern aus fernen Himmeln
glitt auf die Erde hin ganz sacht.
Und dies geschah durch Kindes Willen
und durch den Zauber einer Nacht.

In Muschelklängen

In Muschelklängen
ruht der Dinge schlafend' Lied
träumend fort und fort

Du Reich der Töne

Du Reich der Töne,
gabenfreudig, stets bereit,
zu schenken ein Stück Seligkeit.
So seelentief erfahr'nes Glück
ist Wunder mir, du Zauber der Musik.

Es schlafen im Lied

Es schlafen im Lied
des Zauberers Worte drei
erwartend den Stern
im Wandern, Glauben und Hoffen
Das Grösste aber ist die Liebe

Hymne an den Tag

Und es ward Morgen, der nächste Tag.
Helios leuchtet über dem Chaos.
Ein verwirrenderes hat er nie bestrahlt.
Hei, wie ist's ruhig unter ihm.
Ob zum Feiern ihm nun steht der Sinn?
In Macht allein, allein mit ihm.

Der Macht Gelüste sind gestillt.
Der wieder nächste Tag ersteht von Neuem,
ruft wach die Sinne, freudvoll mög' es heute sein
und Helios spendet willig hellen Schein.
Doch nicht Ruhe ist dort unten, Stille nur.
Verwirrung herrscht in Feld und Flur.

Ein sinnenfreudig Heute steig' hernieder,
zu Hilfe eile schnell der Morgenröte Glanz.
Dem Licht des Tages öffnet weit sich der Horizont.
Und Dunkel weicht, befreit von seiner Schwere.
Was neu zu bilden sich beginnt,
bedarf der Ruhe in der Stille.

Nachtgesang

Und plötzlich ist aus Tag nun Nacht.
Der Zeiten Lauf ist gnadenlos.
Zur frühen Stund' ruft froh die Amsel.
Ein Silberstreif am Himmel grüsst.
Gen Mittag treibt's den Strom zum Napf.
Pandoras Büchse lauert auf dem Ast.

Pandoras Büchse liebt's, wenn's endlich nachtet.
Nach langem Weg wird's schliesslich schwarz.
Der Napf gefüllt, es boomt die Gier.
Der Zeiten Lauf ist ein gefrässig' Tier.
Des Himmels Silberstreif hat sich verzogen.
Die Amsel ruht, es folgt ein weit'rer Morgen.

Der frühe Vogel zieht gelassen seine Bahn.
Was kümmert ihn Pandoras Büchse?
Des Himmels Tun entzieht sich menschlichen
Gelüsten.
Es waltet dort ein eig'ner Wille.
Nach Willkür steht ihm nicht der Sinn.
Des Stromes Gier, er weiss wohin.